Wilhelm von Humboldt (1767-1835): „Nur wer die Vergangenheit kennt, hat eine Zukunft.“

Denkmale in Werne

Denkwürdiges, Einsichten, farbenfrohe Beispiele

Gesammelt, ausgewählt und fotografiert
von Karl-Heinz Schwarze

Impressum

Bibliografische Information der Deutschen National-
bibliothek:
Die Deutsche Nationalbibliothek verzeichnet diese
Publikation in der Deutschen Nationalbibliografie;
detaillierte bibliografische Daten sind im Internet
über http://dnb.dnb.de abrufbar.
© 2022 Karl-Heinz Schwarze
Herstellung und Verlag: BoD – Books on Demand,
Norderstedt
ISBN: 978-3-7562-0952-1

Inhaltsverzeichnis

Wert und Würde der Denkmale

Denkmale schaffen Identifikations-Angebote: „Mein Werne". Ihre Schönheit kann einen Wohlfühleffekt erzeugen und ein Zugehörigkeitsgefühl. Der rasante Wandel, so schnell wie nie zuvor, verlangt als Gegengewicht einen festen Standpunkt zur Orientierung. Richard David Precht: „Kinder brauchen Flügel. Doch – ebenso einen sicheren Start- und Landeplatz." Precht nennt das „die notwendige Verortung", es sei die Grundlage sozialer Verbundenheit und somit Kern der Lebensqualität. Uniforme Bauweise schaffe soziale Brennpunkte. In Betonschulen gebe es den größten Vandalismus. Somit ist der Erhalt der kulturellen Vielfalt der Siedlungs- und Kulturlandschaften eine gesellschaftspolitische Notwendigkeit. Goethe sieht das so: „Zwei Dinge sollen Kinder von ihren Eltern bekommen: Wurzeln und Flügel!"

Erinnerung gehört zum Wesen des Menschen. Ohne ein Verständnis der Vergangenheit gibt es kein kritisches Gegenwartsbewusstsein. Denkmale vermitteln Verständnis und Werte, sie wecken Neugier, ihre kulturelle Vielfalt erzeugt einen Reichtum an Ideen; das alles sind Grundlagen der Bildung. In den äußeren Zeichen der Denkmale wird Vergangenheit lebendig. Wer geschichtslos ist, ist kopflos!

Identifikation und Wissen, Gefühl und Verstand verknüpfen sich in der Beschäftigung mit Denkmalen.

Eine intakte Denkmallandschaft ist auch ein Standortfaktor, für den Tourismus und für die Wirtschaftsförderung. Allerdings besteht die Gefahr, dass Denkmale einem Profitdenken geopfert werden. Gewinnorientierte Investoren dürfen nicht allein den Marktwert bestimmen. Die Werbung erzeugt mit ihrer Effekthascherei, oft kurzlebige Moden. All das steht einem notwendigen Traditionsbewusstsein entgegen. Werne liefert ein schlagkräftiges Beispiel dafür, welche Folgen eine mode- und gewinnorientierte Entscheidung in den 60ger Jahren gehabt hätte: Statt des Rathauses sollte im Sinne einer autogerechten Stadt ein Parkhaus gebaut werden, das dem Konsum förderlich hätte sein sollen. Wenn nur der Marktwert zählte, nur das Kaufen wichtig wäre, wären keine Orchester, keine Theater, keine Diskotheken nötig. Das Bildungsprogramm der Schulen müsste völlig geändert werden. Ein Ausschnitt aus dem Repke-Bild in der St. Christopherus-Kirche veranschaulicht in zynischer Zuspitzung ein solches verfehltes Handeln: Ein Soldat mit Stahlhelm und ein gieriger Markthändler würfeln um die Kleider des Gekreuzigten.

Besonderheiten der Werner Denkmallandschaft: westfälisch fast einzigartig

- **Die westfälische Dreieinigkeit: Kirche, Rathaus und Gasthof**

• In kaum einer anderen westfälischen Stadt sind die Strukturen des Kirchhofs und der Stadtgrundriss insgesamt so unverändert bis heute erhalten geblieben wie in Werne.

Urkataster von 1822 mit der Rekonstruktion des Mauerrings

- **Der fast geschlossene Denkmalring um St. Christophorus**

Pfarrheim

Wärmehäuschen

*Alte Sakristei
und Kirchhof 15*

Nicht nur was denkwürdig und wertvoll ist, ist des Erinnerns wert. Es gibt in der Vergangenheit Ereignisse, an die wir uns erinnern müssen.

Trauer um Kriegstote

Helden-Gedenken

Frömmigkeit

Femegericht - Tod mit Schwert oder Strick

Mahnmale sind der jüdische und der russische Friedhof.

Fünf schöne Plätze wie Perlen auf der Schnur

Roggenmarkt

Kirchhof

Marktplatz

Anfang der Bonenstraße

Moormannplatz

In kaum einer anderen westfälischen Stadt ist der **Kirchhof** im Stadtgrundriss so unverändert bis heute erhalten geblieben wie in Werne. Über Jahrhunderte ist der Platz bis 1809 die Begräbnisstätte der Werner Einwohner gewesen.

Der **Marktplatz** bildet ein Rechteck, geplant nach dem Goldenen Schnitt, in das das Rathaus dominant eingebunden ist. Er war vor allem Versammlungsplatz der Bürger und Einwohner, dort wurden die „Werner Willküren" verkündet, Verordnungen, die vom Rat und vom Bürgermeister beschlossen und vom Landesherren abgesegnet waren.

Der **Roggenmarkt**, wohl der älteste Platz, entstand als Raum für den Markt der Bauern vor dem alten Rechtsbezirk des Kirchhofes und in der Nähe des landesherrlichen Amtssitzes. Die platzartige Ausbuchtung der **Bonenstraße**, dreiecksartig, ist früh nachweisbar und wohl entstanden, weil es dort einen Brunnen gegeben hat, der für die Wasserversorgung der Anlieger unverzichtbar war. Die städtebauliche Qualität des Platzes besticht dadurch, dass er rings von ansehnlichen Jugendstil-Häusern umgeben ist. Der **Moormannplatz** ist erst ein Produkt der Stadtkernsanierung von 1979 -1982. Das Steinhaus an der Ostseite, der alte Burgmannshof aus der Zeit der Renaissance, zieht alle Blicke auf sich.

Sorgenkinder

106 Denkmale sind in der Werner Denkmalliste eingetragen. Während die Glanzlichter in der Denkmallandschaft gut erhalten sind und auch umsorgt werden, sind zahlreiche Denkmale, die des Gedenkens sehr würdig sind, mehr oder weniger stark gefährdet. Es sind vor allem Häuser der Mittel- oder Unterschichten, der Randgruppen, d. h. vornehmlich der Ackerbürger, der Handwerker, der Juden. Mit diesen erst entsteht ein vollständiges Bild der Sozial- und Wirtschaftsgeschichte der Stadt.
Ihnen vor allem gilt das Bemühen des Vereins der „Freunde des historischen Stadtkerns Werne". Mit diesen Objekten ist ein sachgerechter und sensibler Umgang nötig. Ein denkmal-unwürdiger Umbau oder gar ein Abriss zerstörte das zumeist noch gut erhaltene individuelle und geschlossene Gepräge der Stadt.

Südmauer 27

Denkmale - ein Lebensgefühl

Denis Diderot (französischer Dichter und Philosoph) schrieb 1772, wie sein bescheidenes Lebensglück an einem Tag verloren ging, an dem er von einem Freund einen neuen, schicken Hausrock geschenkt bekam. Auf einmal merkte er, dass die Dinge in seiner Wohnung, mit denen er bis dahin ganz zufrieden war, nicht mehr zu dem feineren Outfit passten. Die anspruchslose Harmonie. in der er gelebt hatte, war zerstört, und das Alte gefiel ihm nicht mehr, obwohl ihm das Neues ebenfalls suspekt war.

Sein Strohstuhl und Holztisch, das einfache Brett, auf das er seine Bücher gestellt hatte, dies alles erschien plötzlich schäbig - und musste nach und nach durch besseres Mobiliar ersetzt werden, um der vornehmeren Kleidung zu entsprechen. Doch das neue Styling verschlang nicht nur viel Geld; es stellte sich auch nie wieder die ursprüngliche Harmonie ein, da mit jedem weiteren modischen Stück sofort wieder anderes als antiquiert oder zu armselig-harmlos erschien.

Diderot geriet in eine endlose und zermürbende Konsumspirale; vor allem aber fühlte er sich schon bald in der eigenen Wohnung nicht mehr daheim, sondern als Fremder, beherrscht von Dingen, die nicht zu ihm passten und ihm entsprechend leblos und steif, ja völlig steril vorkamen. Das Merkwürdige an dieser Dynamik ist, dass sie irreversibel ist: Obgleich Diderot sich nie nach etwas Neuem sehnte und auch bald erkannte, dass es, einem Virus ähnlich, seine wohlvertrauten Sachen ihrer Bedeutung beraubte und sie geradezu zerstörte, konnte er sich seiner Magie nicht entziehen. Allein weil es prätentiös auftrat und aus einer gleichsam anderen Welt in das alltäglich Gewohnte einbrach, hatte das Neue auch schon die Autorität, Maßstäbe zu setzen.

Ein **Philosoph** an der New Yorker Universität schreibt: „Etwas wertzuschätzen bedeutet, sich der Vergänglichkeit der Zeit zu widersetzen, darauf zu bestehen, dass der Lauf der Zeit keinerlei normative Autorität besitzt. Einer Sache unbegrenzte zeitliche Dauer zu wünschen ist gleichbedeutend mit: es wertzuschätzen.“

Wilhelm von Humboldt (1767-1835): „Nur wer die Vergangenheit kennt, hat eine Zukunft.“

Goethe: „Was die Kultur der Natur abgewonnen hat, dürfte man nicht wieder fahren lassen, es um keinen Preis aufgeben.“

In den Printausgaben von **„Werne Plus"** wird in lockerer Folge jeweils ein **Denkmal des Monats** vorgestellt. Unser herzlicher Dank dafür gilt A. Wagner. Vier Beispiele sind hier eingefügt.

Denkmäler für die nächste Generation bewahren

Der Verein „Freunde des historischen Stadtkerns e.V." hat als wichtigstes Ziel, die Bürger für den Denkmalschutz zu sensibilisieren. Die Denkmallandschaft der Stadt Werne weist trotz zahlreicher Lücken noch viele gut erhaltene Gebäude auf. Nicht nur im Verständnis für die Tradition liegt ihr Wert, sie macht die Altstadt attraktiv und anziehend, sie vermittelt ein Empfinden der Zugehörigkeit, ein Heimatgefühl. Sie ist auch ein wesentlicher Standortfaktor und kann ein Magnet für den Tourismus sein. „Dieses Kulturgut sollte für die nächste Generation unbedingt bewahrt werden", sagt der Vorsitzende Karl-Heinz Schwarze. Der Verein möchte das Verständnis dafür stärken.

In der Regel wird der erste Donnerstag im Monat als Vortragsabend angesetzt. Ein Denkmal wird jeweils vorgestellt. Nicht jedes „Denkmal des Monats" füllt einen Abend. Dann werden Vorträge angeboten, die Informationen vermitteln, Probleme zur Diskussion stellen oder Aktuelles aufgreifen. Zudem sind Exkursionen geplant zu Ausstellungen, Museen und historischen Stadtkernen. Der Verein blickt auch über die Stadtmauern hinaus, und zwar nicht nur in die Bauerschaften und die Nachbarstädte, sondern auch zu bedeutenden Denkmälern weltweit. Fragen,

Vorschläge, Wünsche, Kritik zu diesem Programm sind erwünscht. Vor allem wird eine Mitarbeit erhofft.

Für das Jahr 2021 sind noch drei Veranstaltungen geplant. Die erste, als Einführung gedacht, hat am 4. November schon stattgefunden. Thema des Vortrages war „Wernes Denkmäler in besonderem Licht – in der Dämmerung und bei Nacht". Schwarze hat dazu einige seiner stimmungsvollen Fotos aus aller Welt gezeigt, von Rom, über Paris und New York bis nach Indien und Usbekistan. In diesem Lichtbildervortrag wurden Impressionen eingefangen, die Empfindungen wecken; ein Denkmal sollte auch ein „Fühl-mal" sein. „Man schützt nur, was man liebt – man liebt nur, was man kennt", sagt der Verhaltensforscher Konrad Lorenz.

Am Samstag, 13. November 2021, bietet der Verein eine Fahrt nach Drensteinfurt an. Im Blickfeld stehen vier herausragende Denkmäler. Ein ortskundiger Führer bemüht sich auch darum, dass das Schloss Drensteinfurt von Innen besichtigt werden kann. Geplant ist die Abfahrt mit dem Bus in Werne um 14.15 Uhr auf dem Kurt-Schumacher-Platz.

Am Donnerstag, 2. Dezember 2021, ab 18 Uhr im Verkehrsverein führt die Historikerin Dr. Anke Barbara Schwarze in die Kulturgeschichte gotischer Kathedralen ein. Anschließend veranschaulicht sie ab 19 Uhr wesentliche Merkmale vor Ort in der St. Christophorus-Kirche, einem Glanzlicht unter den Denkmälern der Stadt Werne.

Freunde des historischen Stadtkerns Werne
Vors. Karl-Heinz Schwarze
info@altstadtfreunde-werne.de
www.altstadtfreunde-werne.de

Der Marktplatz mit dem 1561 fertiggestellten Rathaus ist das historische Aushängeschild der Stadt. Viele weitere denk-

Die Rochuskapelle in Lenklar (unten rechts) steht an der Stelle des abgerissenen Leprosenhauses. In der Rochus-Kapelle befindet sich eine barocke Holzstatue des heiligen Rochus (Foto o.r.), das „Schwiärmännken". Der Pestheilige ist traditionell dargestellt, als Pilger mit Hut und Stab. Mit einem Finger deutet er auf ein Geschwür (plattdeutsch: Schwiäre) am Oberschenkel.

Das Siechhaus für die Ausgegrenzten

von Anke Barbara Schwarze

Bevor die Pest das spätmittelalterliche Europa heimsuchte, fürchteten die Menschen kaum eine Krankheit mehr als die Lepra. Gegen faulende Finger und Zehen, gegen stinkende Geschwüre auf der Haut kannten sie nur ein Heilmittel: Die Betroffenen aus ihrer Gemeinschaft auszuschließen und in eigenen Häusern abzusondern. An das Schicksal der Leprakranken von Werne erinnert die Rochus-Kapelle an der B 54 in Lenklar. Dort stand im Mittelalter ein Siechhaus.

Das Siechhaus lag einige Kilometer außerhalb der Stadtmauern hinter einer Landwehr. Die Lage an Hauptstraßen ermöglichte den Kranken, Almosen von Reisenden zu erbetteln. Damit ihnen dabei niemand zu nahe kam, warnten die Aussätzigen mit Glöckchen oder Klappern vor ihrer Krankheit. Leprakranke, die auf der Straße von Lünen nach Werne unterwegs waren, konnten im Leprosenhaus abgefangen werden, bevor sie in die Nähe der Stadtmauern kamen.

Um die Leprosen kümmerte sich eine Magd. Sie bediente gleichzeitig den Schlagbaum an der Reitbecke. Diese verschlossenen Schranken sicherten jene Stellen, an denen Straßen durch die Landwehr führten. Gegen ein Entgelt schlossen Nachbarn die Schlagbäume für Durchreisende auf.

Auch wenn die Bürger von Werne die Aussätzigen aus Angst vor Ansteckungen weit weg von sich wissen wollten

– vergessen haben sie sie nicht. Als die Vikare Overhage und Brüggemann 1843 eine Chronik von Werne zusammenstellten, vermerkten sie, dass zweimal jährlich eine Prozession von St. Christophorus zur Leprosenkapelle führte. Außerdem bedachten viele Bürger das Siechhaus mit Stiftungen. Das bezeuge ein gewisses Maß „an gesellschaftlichem Ansehen" der Leprosen, schreibt der Historiker Guido Heinzmann. 1497 stiftete der Werner Kleriker Godefried van Gochem für sich und seinen verstorbenen Bruder, den nach Livland ausgewanderten Kaufmann Ahlard de Gochem, einen Georgsaltar für die Leprosenkapelle. Dazu gehörte eine Vikarie, also eine besoldete Priesterstelle. Die Witwe des Adolph von Bodelswing stiftete den Kranken jährlich zehn Scheffel Roggen zum Brotbacken; auch Johan van Hovele bedachte die Leprosen in seinem Testament, damit sie zu essen und zu trinken hatten.

Die Menschen kümmerten sich also um die Leprosen und sorgten für ihren geistlichen Trost. Trotzdem dürfte das kaum aufgewogen haben, was die Kranken verloren – ihre Zugehörigkeit zu Familie und Stadtgemeinde und damit den Schutz einer Gemeinschaft. Nur im seltenen Fall einer Heilung konnte ein Leprakranker hoffen, wieder aufgenommen zu werden. Das Glück hatte Leonard up der Redbecke. Wie Heinzmann schreibt, erhielt der Mann im Jahr 1500 vom Werner Pfarrer einen Passierschein für seine Wallfahrt zum Grab des heiligen Jakobus in Santiago de Compostella. ◄

St. Antonius: Gotische Figur von 1460

Dankbarkeit nach dem Ende des „Schwarzen Todes"

von Karl-Heinz Schwarze

1374 wird die Kapelle „des guden sunte Antonyeze" auf Biethmanns Hof in Ostick, wie Langern früher genannt wurde, in einer Urkunde des Propstes des Cappenberger Stiftes, Adolf von der Recke, erstmals erwähnt. Sie liegt idyllisch unweit der Bundesstraße 54 zwischen Lünen und Werne. Solche Kapellen wurden früher aus Dankbarkeit nach dem Abklingen einer Seuche oder Pest errichtet. So passt der mittelalterliche Bau der Kapelle in die Zeit des 14. Jahrhunderts. Von 1347 bis 1353 wütete in Europa die verheerendste Pandemie, der „Schwarze Tod". Etwa ein Drittel der damaligen Bevölkerung Europas wurde dahingerafft.

Der Patron, der heilige Antonius, gilt als Begründer des Mönchtums und lebte im 3. Jahrhundert. Er gilt als Helfer gegen ansteckende Krankheiten und wird als Schutzpatron der Bauern, auch der Schweinehirten und Metzger verehrt. Die Anhänger des Heiligen, die Antoniter, hatten das Privileg, geschenkte Schweine als Entgelt für ihren Krankendienst mit einem Glöckchen behängt frei laufen zu lassen. Zu Weihnachten wurden sie geschlachtet und das Fleisch an die Armen verteilt.

Die Kapelle ist eines der ältesten Gebäude in Werne. Es ist ein gotischer Ziegelbau auf Bruchsteinsockel. Die schönen zweibahnigen gotischen Maßwerkfenster und die Türgewände sind aus Werkstein. Heute gehört sie der katholischen Kirchengemeinde St. Johannes in Cappenberg. Sie ist mehrmals aufwändig und denkmalgerecht restauriert worden. Das Bild der Kapelle ziert das Wappen des Langerner Schützenvereins, der sich der Pflege der Kapelle verpflichtet weiß.

Eine wertvolle gotische Figur des Heiligen Antonius aus dem Jahr 1460 hing früher in der Kapelle. Sie hängt jetzt sicher im südlichen Seitenschiff der Stiftskirche Cappenberg, nach einem Diebstahl von Pater Suitbert Telgmann wiederentdeckt. Sie zeigt zahlreiche Attribute des Heiligen. In der linken Hand hält er das Antoniuskreuz. Der Heilige steht in großer Gelassenheit auf gräulich aussehenden dämonischen Fratzen. Diese sind Symbol der Versuchungen, denen der Heilige in der Einöde immer wieder ausgesetzt war. Mit ihren Hörnern, Zähnen und Krallen haben sie ihn jämmerlich bedrängt, so heißt es in einer Legende. Doch die ruhige, in die Bibellektüre versunkene Haltung verdeutlicht, dass Antonius den Versuchungen widerstanden hat. Er steht auf den Dämonen und hält sie nieder. Ein kleines Schwein, Ausdruck der hilfreichen Kraft des Heiligen und auch der Sozialfürsorge der Antoniter, schmiegt sich Schutz suchend unten an die Kutte des Heiligen.

1990 wird in der Kapelle eine Figur des Bildhauers Reinhold Schröder aufgehängt. Ein besonderes Attribut dieser Figur ist eine doppelzüngige Schlange zu Füßen des Heiligen. Sie steht für die Bezwingung der eigenen Schwächen. Die entrückte Haltung des Antonius verkörpert den Sieg über das Böse. Das Schweinchen zu Füßen des Heiligen erinnert an seine Wohltätigkeit für Pestkranke und mahnt uns, auch den Notleidenden zu helfen. ◄

St. Antonius 1990 von Reinhold Schröder

Himmelsstrebende Architektur

von Anke Barbara Schwarze

Wer eine gotische Kathedrale betritt, richtet den Blick fast automatisch nach oben. Die aufragenden Gotteshäuser faszinieren bis heute. Für Menschen im Mittelalter, die in einfachen Häusern wohnten, kamen sie Wunderwerken gleich. Einen Eindruck davon vermittelt die Pfarrkirche St. Christophorus, deren Kirchenschiff die Fachwerkhäuser auf dem Werner Kirchplatz dominiert.

Auf den ersten Blick offenbart sich das Innere von St. Christophorus als Geschöpf der Gotik. Hohe Fenster nehmen große Teile der Wandflächen ein. Ihre Form wird von charakteristischen Elementen geprägt: Spitzbögen und Fischblasen. Diese geschwungenen Ornamente wurden gern für filigrane Steinmuster im oberen Abschluss gotischer Fenster verwendet.

Hinauf schweift der Blick zum Kreuzrippengewölbe. Diese technische Innovation ermöglichte es gotischen Baumeistern, in ungeahnte Höhen zu bauen. Nimmt sich Wernes Pfarrkirche bescheiden aus, bringt es das Mittelschiff der Kathedrale von Amiens auf 42 Meter.

Ihren Anfang nahm die Gotik im Kernland der französischen Könige rings um Paris. Dort brachten die Architekten avantgardistische Elemente ihrer Zeit zusammen, allen voran das Rippengewölbe. Dabei werden Kirchen mittels gekreuzter Spitzbögen eingewölbt. Das Gewölbe wird von Pfeilern getragen, auf denen die Bögen ruhen. Das Mauerwerk wird statisch überflüssig. Stattdessen wurden große Fenster in die Wände eingelassen.

Das Gewölbe von St. Christophorus wird zunächst von eckigen Pfeilern, dann von runden Säulen getragen. 1446 erforderte der Einsturz des Turms den Neubau des romanischen Vorgängerbaus. Bürgermeister und Rat von Werne engagierten einen Meister seines Fachs: Roseir Stenwert. Er entwarf den Chor von St. Reinoldi, Hauptkirche der Reichsstadt Dortmund.

Für Werne schuf Stenwert eine dreischiffige Hallenkirche. Bei diesem Kirchentypus sind die Seitenschiffe genauso hoch wie das Mittelschiff – im Unterschied zur Basiliken, bei denen das Mittelschiff die Seitenschiffe überragt. Nur wenige Jahrzehnte nach dem Neubau ließen die Werner Bürger die Kirche verlängern. Der alte Chor wurde abgebrochen. Der jüngere Ostteil unterscheidet sich mit vier schlanken Rundsäulen vom älteren Westteil mit seinen stämmigen Pfeilern.

Spätgotische Kirchenausstattung

Einige Kunstwerke im Inneren datieren aus den Anfangszeiten der Kirche. Dazu gehört die Strahlenkranz-Madonna aus dem 15. Jahrhundert, die vor dem Chor unterm Gewölbe hängt. Ihr zierliches Gesicht und die dekorativen Gewandfalten weisen sie als Typ der „Schönen Madonnen" aus. Direkt hinter dem Westportal versinnbildlicht

der achteckige spätgotische Taufstein, dass die Taufe das Eingangstor in die christliche Gemeinschaft ist. Beachtung verdienen zwei spätgotische Andachtsbilder: Das Vesperbild links vom Chorraum zeigt den toten Christus auf dem Schoß der Gottesmutter; eine kleine, aber feine Figurengruppe in der Sakramentskapelle stellt Maria mit dem Christuskind und ihrer Mutter Anna dar. ◄

Der Jugendstil in Werne –
eine farbenfrohe Architektur

Karl-Heinz Schwarze   (Erstdruck in Ben-Echo 2/2018)

Der Jugendstil ist eine Kunstepoche von großem historischen Wert. Diese Epoche bestand allerdings nur kurz; sie reichte von der Wende des 19. zum 20. Jahrhundert bis zum 1. Weltkrieg. In Werne entstanden in diesem Stil mehrere Gebäude von 1905 bis 1910.

Ein repräsentatives Beispiel ist das große Kaufhaus an der Ecke Marktplatz – Bonenstraße. Nach der vorbildlichen Restaurierung im Jahre 2001 zeigt es wieder beispielhaft zahlreiche typische Elemente des Jugendstils. Die dekorativen Gestaltungsteile in großer Vielfalt und zahlreichen unterschiedlichen Formen fallen sofort ins Auge. Da sind engelsgleiche Frauenköpfe zu sehen, verschiedene Blumenmuster, geschwungene Ranken, Girlanden, Teichlandschaften. Hier wird deutlich, dass der Jugendstil zahlreiche Formen der Natur entnimmt. Es ist eine Kunst, die die Trennung von Natur und Mensch aufheben will.

Auch die Fassadengestaltung insgesamt zeigt deutliche Jugendstilformen. Auffallend ist der vielfach geschmückte Zwerchgiebel. Das ist ein quer zum Dachfirst gestellter Dachausbau. Er ist reich bekrönt und mit einem ovalen Fenster versehen.

Weitere Kennzeichen sind der vieleckige Erker, verzierte Lisenen (Mauerblenden), die sich von

Ecke Markt - Bonenstraße

oben nach unten über die Fassade ziehen. Die Fensterbekrönungen sind variationsreich, teils mit einer Art Wappenschild ausgestattet. So wird die Fassade aufgelockert, lebendig, sie gerät in Bewegung. Der Jugendstil liebt eine dynamische, ornamentale

Formensprache. Die Fassaden wirken mit ihren geschwungenen Linien und geometrischen Formen plastisch greifbar.

Diese damals völlig neue Kunstrichtung begehrte auf gegen die starre Symmetrie vergangener Jahrhunderte. Der Jugendstil wollte weg von den strengen Formen des Historismus. Dieser beschränkte sich darauf, historische Vorbilder nachzuahmen. Stattdessen setzte der Jugendstil auf spannungsreiche Variation. Dahinter steckt ein sehr moderner Grundsatz: Die Funktion eines Gebäudes soll seine Gestalt bestimmen. Die Kunst soll funktional und schön sein.

Die damit verbundene Abkehr von der fabrikmäßigen Massenproduktion des Gründerzeit-Kitsches führte zur Aufwertung des Kunsthandwerks und des einzelnen Künstlers auf dem Gebiet der Formgestaltung.

Reiche Verzierungen, geschwungene Ornamente, schweifende Bögen, Pflanzengirlanden geben den Fassaden somit eine beschwingte, bunte Vielfalt. Frauenmasken, Naturdetails, Schwäne, Wappenschilde sind beliebte Motive dieses Stils.

Diese aufwendige Bau- und Gestaltungsweise konnten sich nur wenige leisten. Sie ist daher zumeist mit einem wirtschaftlichen Aufstieg verbunden. In Werne führte die Abteufung der Zeche am Ende des 19. Jh. s zu einem wirtschaftlichen Aufschwung, der für die teuren Bauten bei Kauleuten und der Führungsschicht des Bergbaus die finanziellen Voraussetzungen schuf.

Es gibt weitere bemerkenswerte Jugendstilbauten, die für das Stadtbild Wernes prägend sind.

Ein besonderes Merkmal am Haus Bonenstraße 5 ist die stockwerkverbindende Umrahmung der Fenster, oben abgeschlossen mit einem jugendstiltypischen Schlüssellochfenster unter einem Zwerchhaus. Es ist das erste „hohe Haus" in Werne.

Bonenstraße 5

Kirchhof 8

Bonenstraße 8

Bonenstraße 3

Der Volksmund witzelte: „Von dort kannst'te in den Mond kieken!"

Das Jugendstilhaus Kirchhof 8 ist gekennzeichnet durch ein Mansardendach, einen Erker mit Austritt, einen geschweiften Zwerchgiebel. Die Fensterachsen zeigen stuckierte Rahmen und Brüstungen mit einem Kartuschenwerk, das vertikal gekuppelt ist.

Ein typisches Beispiel dafür, dass im Jugendstil Handwerk, Technik, Industrie zusammenfließen und dass Kunst und Handwerk eine Einheit bilden, ist das Haus Bonenstraße 8, in ihm war ehemals eine Schreinerwerkstatt. Es weist eine aufwendige dreiachsige Fassade auf, einen geschweiften Schildgiebel mit einem ovalen Fenster, drei Pilaster, zudem feingliedrige Fenster mit Stichbögen. Die für den Jugendstil typische gesamtkünstlerische Gestaltung wird an diesem Haus nicht nur in der

Bekrönung der Fassade deutlich, sondern auch in der vielgestaltigen Eingangstür, in dem Fliesenfußboden, in der Deckenbemalung, in einem Begrüßungsspruch im Eingangsflur. Selbst die Türklinken sind in diesem Stil ausgeführt. Auch dieses Haus ist ein für das Ortsbild Wernes sehr wichtiges historisches Gebäude. Vergleichbar gilt das auch für das Haus Steinstraße 43. Nicht nur die Fassade, auch der gesamte Eingangsbereich ist im Jugendstil ausgeführt. Hier wie auch in der Bonenstraße 8 und der Burgstraße 15 zeigt das Handwerk in den ornamentalen Fußböden besonders schöne Kunstbeispiele.

Als letztes sei ein sehr aufwendig gestaltetes Bauwerk genannt: Bonenstraße 3. Es ist sehr reich gegliedert, besitzt einen turmbekrönten vieleckigen Erker, ein sehr breites Zwerchhaus mit einem geschweiften Giebel. Dazu kommt eine rundbogige Loggia, ein ellipsenförmiges Fenster und im unteren Teil Fensterbekrönungen, mit Kartuschen und Girlanden versehen. Dominant wirkt ein mächtiger Kragkasten.

Die hohe Kunst des Jugendstils verlangte die sehr geduldigen Hände meisterlicher Stuckateure.

Heute ist es ausgesprochen schwierig, eine Firma zu finden, die die Stuckfassade eines Jugendstilhauses restaurieren kann. Die maschinelle Produktion, die zu ununterscheidbarer Vereinheitlichung geführt hat, dominiert in fast allen Bereichen. Die Uniformität mancher Stadtlandschaften führe auch zur

Entstehung sozialer Problemfelder, behaupten Soziologen.

Daher ist es um so wichtiger, wünschenswert, sogar notwendig, die trotz einiger Abrisse noch vorhandenen schönen Jugendstilhäuser in Werne zu erhalten und zu pflegen. Sie tragen zu einer lebens- und liebenswerten Stadt bei und schaffen eine lokale Identifikation und Identität, die von zahlreichen Pädagogen als nötig angesehen werden in dem überschnellen Wandel unserer modernen Zeit.

Zwei Jugendstilhäuser in der Münsterstraße

In Nord-Rhein-Westfalen wird es ein neues Denkmalschutzgesetz geben. Es wird heftig kritisiert. In jedem Fall brauchen die Denkmale in Werne eine noch nachhaltigere Unterstützung als bisher.

Zum neuen Denkmalschutzgesetz in NRW

Das neue Denkmalschutzgesetz in NRW hat heftige und umfangreiche fachliche Kritik aller im Denkmalschutz engagierten Institutionen, Stiftungen, Verbänden und von Wissenschaft und Forschung ausgelöst. Hier eine Auswahl einiger Kritikpunkte aus „Monumente", dem Magazin der Deutschen Stiftung Denkmalschutz. Die übergeordneten Fachbehörden der NRW-Landschaftsverbände würden ausgeschaltet und somit Entscheidungen nur noch von den Ortsbehörden getroffen. Mit dieser Verlagerung seien Interessenkonflikte vorprogrammiert. Man bewege sich weg von der hohen fachlichen Qualität der Denkmalpflege. Zudem zähle fast nur der gute Wille der Denkmaleigentümer; zumal die unklaren Formulierungen Spielräume für willkürliche Auslegungen böten.

Das Gesetz gefährde das bauliche Erbe, der Denkmalschutz werde zum politischen Spielball; denn die Einflussnahme von wirtschaftlichen oder Sonderinteressen werde verstärkt. Der Denkmalschutz sei zukünftig sowohl dem politischen Druck als auch dem von Investoren stärker ausgesetzt. Es seien Interessenskonflikte vorhersehbar. Mit dem Gesetz werde der Kulturschatz einer verwertenden Denkmalpflege geopfert.